Savais-tu ?

Les Crocodiles

Alain M. Bergeron
Michel Quintin
Sampar

Illustrations de Sampar

D0556163

QUINTIN

Données de catalogage avant publication (Canada)

Bergeron, Alain M., 1957-

    Les crocodiles

    (Savais-tu? ; 10)
    Pour enfants de 7 ans et plus.

    ISBN 2-89435-208-5

    1. Crocodiles - Ouvrages pour la jeunesse.   2. Crocodiles -
Ouvrages
illustrés. I. Quintin, Michel . II. Sampar. III. Titre. IV.
Collection.

QL666.C925B47 2002   j595.98   C2002-940714-1

Révision linguistique : Maurice Poirier

Le Conseil des Arts du Canada
The Canada Council for the Arts

SODEC
Québec::

Patrimoine   Canadian
canadien   Heritage

La publication de cet ouvrage a été réalisée grâce au
soutien financier du Conseil des Arts du Canada et de la
SODEC. De plus, les Éditions Michel Quintin bénéficient de
l'aide financière du gouvernement du Canada par l'entremise
du Programme d'aide au développement de l'industrie de
l'édition (PADIÉ) pour leurs activités d'édition.

Gouvernement du Québec – Programme de crédit d'impôt
pour l'édition de livres – Gestion SODEC

ISBN 2-89435-208-5
Dépôt légal - Bibliothèque nationale du Québec, 2002
Dépôt légal - Bibliothèque nationale du Canada, 2002

© Copyright 2002

Éditions Michel Quintin
C.P. 340, Waterloo (Québec)
Canada J0E 2N0
Tél.:   (450) 539-3774
Téléc.: (450) 539-4905
www.editionsmichelquintin.ca

0 5 M L 2

Imprimé au Canada

Savais-tu que les crocodiles font partie du groupe des crocodiliens? Ce groupe comprend quatorze espèces de crocodiles, cinq de caïmans, deux d'alligators et une de gavials.

Savais-tu que les crocodiliens ne vivent qu'en régions tropicales? Ils habitent les marais, étangs, lacs, rivières, mangroves, là où la terre ferme est facile d'accès.

Savais-tu que la très grande majorité des crocodiliens vivent en eau douce?

Par contre, certaines espèces, comme le crocodile du Nil et le crocodile marin, peuvent se retrouver en eau salée.

Savais-tu que les jeunes crocodiliens mangent surtout des insectes et d'autres invertébrés?

Savais-tu que les adultes, eux, sont carnivores? Ils se nourrissent de poissons, d'oiseaux, d'amphibiens, de reptiles, de mammifères et parfois de charogne.

Savais-tu que les grands crocodiliens préfèrent capturer
de grosses proies (buffle, sanglier, singe, zèbre, antilope)

plutôt que de dépenser leur énergie à chasser
des animaux plus petits?

Savais-tu que la méthode de chasse la plus employée par les crocodiliens de grande taille est la capture sur la berge?

Cette technique consiste à bondir sur une proie venue se
désaltérer pour ensuite l'entraîner dans l'eau et la noyer.

Savais-tu que les crocodiliens ne mâchent pas leur nourriture? Ils déchiquettent leurs proies et avalent tout rond d'énormes bouchées, y compris les os.

Savais-tu que le crocodile du Nil, qui vit en Afrique, prend en moyenne un seul repas par semaine?

Par contre, un adulte peut rester jusqu'à deux ans sans se nourrir.

Savais-tu que le crocodile marin est le plus redoutable des crocodiliens? Cette espèce est cannibale et s'attaque aussi à l'homme.

Savais-tu que le crocodile marin, qui vit en Asie et en Australie, est le plus grand des crocodiliens et même des reptiles?

Il peut atteindre huit mètres de long et peser plus de mille huit cents kilogrammes.

Savais-tu que les crocodiliens sont les seuls reptiles pourvus d'oreilles externes?

Ils ont une ouïe fine, une vue perçante et un odorat particulièrement développé.

Savais-tu que leurs yeux, leurs oreilles et leurs narines sont placés très haut sur leur tête?

C'est d'ailleurs pour cette raison qu'ils peuvent parfaite-
ment voir, entendre, sentir et respirer en ayant seulement
le dessus de la tête qui émerge de l'eau.

Savais-tu que certains crocodiliens peuvent demeurer sous l'eau pendant plus d'une heure?

ET SI TU VEUX NOUS FAIRE CHANGER D'IDÉE, IL FAUDRA TROUVER AUTRE CHOSE QUE DE RETENIR TON SOUFFLE, MON GARÇON...

Cela grâce à leurs poumons très développés qui leur permettent d'emmagasiner une grande quantité d'air.

Savais-tu que les crocodiliens sont d'excellents nageurs?
Leur propulsion est assurée uniquement par leur queue.

Savais-tu que les crocodiliens sont des animaux à sang froid? La température de leur corps varie avec celle de

leur milieu ambiant. Pour se réchauffer, ils se placent donc au soleil et pour se rafraîchir, ils se retirent à l'ombre.

Savais-tu que c'est aussi pour se rafraîchir que les crocodiliens gardent la gueule ouverte pendant des heures?

Savais-tu que plusieurs espèces de crocodiliens vivent en groupe? Une bande de crocodiles du Nil, par exemple, peut compter jusqu'à cent individus.

Savais-tu que les femelles pondent leurs œufs dans un nid?

Selon leur espèce, elles creusent ce nid dans le sol ou le
construisent d'un amas de débris végétaux et de boue.

Savais-tu que les femelles pondent en général de vingt à quatre-vingts œufs à la fois? Ces œufs écloront de deux à trois mois plus tard.

Savais-tu que ce sont les deux parents, mais surtout la mère, qui protègent le nid des prédateurs?

Après l'éclosion, les petits crocodiliens resteront encore pendant quelques mois sous leur protection.

Savais-tu que, tout comme les autres reptiles, plus un crocodilien est vieux, plus il est grand? C'est parce qu'ils grandissent toute leur vie.

Savais-tu qu'à peine sorti de l'œuf, le petit crocodile cherche déjà à happer tout ce qui passe à sa portée? Sa mère n'a donc pas besoin de le nourrir.

GRRRRBLMMMRRR...

Savais-tu que les crocodiliens communiquent entre eux par des sons comme des sifflements, ronronnements, rugissements, grognements, mugissements?

> CE CROCODILE VA NOUS RAPPORTER UNE PETITE FORTUNE, MON CHÉRI...

COLLIERS À VENDRE

Savais-tu que, tout au long de la vie des crocodiliens, leurs dents qui tombent ou se cassent sont remplacées automatiquement par de nouvelles?

Savais-tu qu'en Amérique, le plus connu des crocodiliens est l'alligator américain (alligator du Mississippi)?

Il vit dans le sud des États-Unis et peut atteindre jusqu'à six mètres de long. Il s'en prend parfois à l'homme.

Savais-tu que les jeunes crocodiliens sont des proies faciles pour les gros poissons, les grands oiseaux ou encore les mammifères?

Par contre, les seuls ennemis des crocodiliens adultes sont l'homme et les autres crocodiliens.

Savais-tu que certains scientifiques croient qu'à l'état sauvage, les crocodiliens pourraient vivre au-delà

de cent ans? En captivité, un crocodile a vécu jusqu'à soixante ans.

Savais-tu que, parce qu'ils ont été chassés pour leur peau, beaucoup d'espèces de crocodiliens sont en voie d'extinction? En effet, près de vingt millions d'individus

ont été tués durant les soixante dernières années. C'est pourquoi ces espèces sont maintenant protégées.

Calgary French & International School
700 - 77th Street S.W.
Calgary, AB T3H 5R1
Ph: (403) 240-1500 Fax: (403) 240-9069